Libro de terapia de autoayuda para parejas sobre relaciones que necesitan mejorar

Mejorar la comunicación, el amor, la diversión y la autoestima de las parejas casadas o no casadas
Por Brian Mahoney

Índice

Introducción

Capítulo 1 Por qué las relaciones van mal

Capítulo 2 Conceptos básicos de la comunicación: cómo escuchar y hablar con autenticidad

Capítulo 3 Restablecer la intimidad emocional

Capítulo 4 Autoestima Esencial para un Relaciones sanas

Capítulo 5 Manejar los conflictos de forma saludable

Capítulo 6 Reavivar el romance y la diversión

Capítulo 7 Pasos para sanar con el perdón y la autoestima

Capítulo 8 Afrontar juntos el estrés externo

Capítulo 9 Establecer objetivos y una visión comunes

Capítulo 10 Cómo mantener el progreso y crecer juntos

Conclusión

Recursos
Glosario de términos

Descargo de responsabilidad

Este libro está diseñado para proporcionar información, orientación y herramientas para las parejas que consideran el perdón como parte de su viaje de relación. No pretende sustituir el asesoramiento profesional, la terapia o el consejo médico. Los autores y editores no son terapeutas licenciados, consejeros o profesionales médicos, y las estrategias descritas aquí se basan en la investigación general y las ideas en lugar de diagnóstico o tratamiento individual.

Los consejos, ejercicios y sugerencias que se presentan en este libro deben ser utilizados a discreción del lector y su finalidad es apoyar, no sustituir, la orientación profesional. Se anima a los lectores a consultar a un profesional de la salud mental o a un consejero si están experimentando una angustia significativa, un trauma o problemas complejos en sus relaciones.

Los autores y editores no asumen responsabilidad alguna por las pérdidas o daños sufridos por los lectores como resultado de la aplicación de la información contenida en este libro. Los lectores son responsables de tomar las decisiones adecuadas a sus circunstancias personales y a las necesidades de sus relaciones.

Introducción

Las relaciones. Son el núcleo de nuestras vidas. En ellas experimentamos la alegría, la comodidad y, a veces, los retos. No importa si llevas décadas -o te has comprometido recientemente- o te encuentras en el laberinto de las citas con altibajos, probablemente sepas que las relaciones nunca son sencillas. Este libro pretende ayudarle a restaurar, recuperar y **revitalizar** su relación con una serie de herramientas prácticas y reflexiones para fortificar su conexión a toda costa.

Habrá momentos en que todo esté un poco apagado, y las parejas pasan por estas etapas. Con todas las formas en que la vida puede interponerse en el camino -trabajo, obligaciones familiares, cargas financieras y obstáculos personales-, las capas de estrés que complican la relación de pareja pueden ser numerosas. Puede que discutáis mucho, que os sintáis desconectados o que os preguntéis dónde está la magia. Puede que se sientan estancados y confusos sobre cómo avanzar. Estas luchas, que pueden manifestarse en todos los niveles de la intimidad, no tienen por qué suponer el fin de la relación, sino que posiblemente sólo sean una señal de que es necesaria una puesta a punto, más que una revisión completa.

Este libro pretende ser una guía y un compañero para las parejas que no están satisfechas con su relación pero que siguen siendo relativamente felices juntas. No se trata de salvar lo que no tiene arreglo. Se trata de encontrar el amor, la alegría y el respeto mutuos que les atrajeron a ambos en primer lugar.
Es para parejas casadas y no casadas que desean mejorar su comunicación, restablecer la intimidad emocional y reforzar sus cimientos juntos.

En estas páginas, cada capítulo incluye ejercicios, consejos prácticos y una o dos reflexiones sobre un aspecto diferente de las relaciones: comunicación, autoestima, cercanía emocional, conflictos y mucho más. Los capítulos están diseñados para abordar componentes específicos de tu relación, como la escucha o la comunicación, para ayudar a recuperar el amor y la alegría. También vamos a ocuparnos de la autoestima, porque una relación sana empieza cuando dos personas se sienten dignas de respeto y libres de vergüenza.

Como todo en la vida, las relaciones requieren cuidado, mantenimiento, amor, paciencia y apertura para evolucionar. Siguiendo los consejos de este libro, podrá descubrir los secretos de las relaciones de pareja florecientes y cómo superar los momentos difíciles, al tiempo que aumenta la intimidad, incluso cuando la vida parece haberla enterrado bajo sus muchos desafíos.

Tanto si has aparecido aquí tras una discusión entre los dos, como si te has dado cuenta de que os sentís desconectados el uno del otro, o simplemente con la esperanza de un futuro mejor juntos, ya te estás moviendo en la dirección de un futuro mejor juntos. Con la mentalidad adecuada y la voluntad de dar una oportunidad a nuevas ideas, usted y su pareja pueden pasar de la exasperación y la decepción a un amor más fuerte, una mejor conexión y la plenitud de la relación.

Empecemos un nuevo viaje, por una relación más sana, más feliz y más resistente.

Capítulo 1 Por qué las relaciones van mal

Es hora de aprender más sobre los escollos comunes a los que se enfrentan las parejas. Desafíos en las relaciones por falta de comunicación, expectativas no cumplidas y factores estresantes en distintos ámbitos de la vida.

Hay muchas razones por las que las relaciones tienen problemas y comprenderlas puede ser a menudo el primer paso para resolverlos. Veamos algunas de las causas más relevantes de los problemas de pareja:

Falta de comunicación:

Las interpretaciones erróneas suelen deberse a una comunicación ineficaz, que incluye expresar las emociones de forma poco clara, hacer suposiciones o no escuchar con atención. Esto fomenta el resentimiento y la frustración, provocando las mismas peleas una y otra vez y ninguna solución.

Expectativas incumplidas
Las expectativas que no se cumplen pueden sembrar el caos en una relación junto con la duda. Aportamos a las relaciones nociones preconcebidas basadas en nuestras experiencias anteriores, en cómo actuaron nuestros padres en sus vidas o en cómo se retrata a las parejas en la televisión. Expectativas no satisfechas en torno a las funciones financieras y de intimidad.

He aquí otros problemas entre la pareja que provocan decepción y resentimiento cuando la pareja no habla:

Factores estresantes personales: El estrés personal debido al trabajo, la familia, los problemas de salud y las cuestiones financieras puede afectar a una relación. Cuando están estresadas, las personas tienden a impacientarse, a enfadarse y a no tener fuerzas para su pareja, lo que crea fricciones y malentendidos.

Expresión disímil de las emociones: Cada uno tiene su propia forma de comunicar sus sentimientos, deseos y quejas. Una pareja que se comunica directamente y uno de los miembros evita la discordia o se comunica indirectamente puede dar lugar a malentendidos o sentimientos de rechazo.

Ausencia de intimidad emocional: Trabajar la intimidad emocional es la clave de cualquier relación fuerte, sin embargo, debido a los retos diarios, los horarios y la ansiedad, a veces ambos miembros de la pareja dedican poco tiempo y esfuerzo a construir esta intimidad. Es importante seguir compartiendo y expresando los pensamientos, las emociones y lo que afrontamos, o uno de los miembros de la pareja puede sentirse solo, abandonado.

Valores y objetivos diferentes: Como personas, tenemos objetivos y valores que cambian, y cuando las parejas se distancian sin comunicarse, puede producirse una desconexión. Los desacuerdos sobre opciones vitales, ambiciones profesionales o prioridades familiares pueden causar tensiones si no se abordan a tiempo.

Inseguridad y baja autoestima: La inseguridad de que tu pareja te deje o te deje por alguien "mejor", junto con las inseguridades personales / dudas sobre uno mismo, pueden desencadenar celos y/o posesividad. Y estas inseguridades insatisfechas pueden llevar a comportamientos y creencias de dependencia o tóxicos, que pueden añadir mucha presión a la relación de pareja.

Descuido a la hora de pasar tiempo de calidad juntos: Especialmente en las relaciones duraderas, la pareja tiende a acomodarse, pensando que la relación no requiere el mismo nivel de atención que antes. La creciente falta de conexión y afecto puede desgastar y romper los cimientos de la relación.

Los problemas no resueltos o los traumas del pasado pueden influir en la capacidad de ser abierto y vulnerable en cualquier relación. Si no te ocupas de estas cosas del pasado, entonces el pasado herido puede estar dictando lo que sucede en el presente y por lo tanto tener la historia se repite con el viejo patrón de comportamiento de la lucha o la retirada.

Influencias externas: Las expectativas de la familia, los amigos o la sociedad pueden resultar estresantes para la relación. Las parejas pueden sentirse presionadas para ajustarse a ciertos roles o hitos (como el matrimonio o los hijos) que no coinciden con sus deseos personales, lo que crea tensiones innecesarias.

No invertir en felicidad: Con estas inversiones las parejas pueden conectar a través de intereses compartidos mientras crean buenos recuerdos que son una herramienta para reforzar la relación de pareja.

Comprender y afrontar estos retos requiere una comunicación abierta, paciencia y voluntad de crecer juntos. Las relaciones necesitan atención, reflexión y cuidados regulares para prosperar, especialmente cuando se enfrentan a tiempos difíciles.

Considere la noción de que una relación tiene temporadas, y cómo los periodos de dificultad pueden ser naturales pero manejables.

La naturaleza es cíclica, como lo son las estaciones de las relaciones: estaciones separadas con retos y recompensas inherentes. Estas fases ponen de relieve los pasajes de abundancia, seguridad, transformación e incluso adversidad que todas las parejas afrontan en el transcurso de una relación. Para las parejas que intentan navegar entre los altibajos, comprender este concepto puede ser una herramienta poderosa.

Las estaciones de una relación

La primavera: La etapa infantil, la etapa del descubrimiento, de la excitación, de la conexión. Es un periodo de desarrollo y vinculación entre la pareja. La primavera está llena de nuevas experiencias y de la frescura del descubrimiento.

Verano: Calidez y seguridad, la relación es estable y agradable. Hay un mayor grado de confianza, más comunicación y los miembros de la pareja suelen estar más en sintonía. En esta época, las parejas disfrutan de la comodidad y la seguridad de la comprensión y el aprecio mutuos.

El otoño: Otoño, la época del año en la que hay que aceptar los cambios. En esta etapa pueden empezar a aparecer algunos retos cuando las parejas se enfrentan a disimilitudes, al desarrollo personal o al cambio de enfoque. Aunque el otoño puede traer choques inesperados, también puede ayudar a la pareja a realinearse y volver a comprometerse.

El invierno: Una estación difícil en la que el conflicto puede parecer más palpable y la conexión puede sentirse tensa. El invierno puede ser solitario o difícil, ya que las parejas se enfrentan a retos que ponen a prueba su paciencia y perseverancia. Aun así, esta etapa también puede alimentar la fortaleza y brindar una oportunidad para la reflexión, la recuperación y el desarrollo.

Abrazar las estaciones

Todas las relaciones pasan por periodos difíciles o "inviernos". Por muy incómodos que puedan resultar, no significan automáticamente que haya algo mal en la relación. Señalan un periodo durante el cual la pareja puede necesitar reajustarse, comunicarse más profundamente y esforzarse por desarrollarse, y encontrar otras formas de apoyarse mutuamente. Sabiendo que las temporadas difíciles no duran para siempre, las parejas pueden atravesarlas con amabilidad y gracia.

Cómo gestionar las temporadas difíciles

La comunicación: El diálogo sincero y abierto es fundamental. Ser sincero con los sentimientos y escuchar activamente evita malentendidos y fomenta la empatía en lugar de la ira.

Sé adaptable: Con las estaciones llegan los cambios en las personas. La relación puede fortalecerse dándose espacio mutuamente para crecer como individuos.

Compromiso: Los inviernos ponen a prueba el compromiso, y superar juntos estas estaciones puede generar confianza y resistencia que apoyen profundamente la relación.

Pida ayuda: Es normal necesitar apoyo durante las temporadas difíciles, ya sea familiar, de amigos o de profesionales.

Identifica las estaciones a medida que llegan y date cuenta de que son una parte natural del proceso de relación. Atravesar juntos la experiencia creando vínculos y reforzando la confianza para resistir incluso el invierno más frío. Aporta esperanza cuando comprendemos que inevitablemente llegará la primavera.

Los retos no vienen para quedarse, vienen para pasar.

Capítulo 2
Fundamentos de la comunicación
Cómo escuchar y hablar con autenticidad

Exploremos los fundamentos de una comunicación de pareja sana: escucha activa, empatía, diálogo constructivo...

Estos principios fundamentales pueden ayudar a establecer una conexión y a comunicarse con comprensión. Pueden ayudar a cada miembro de la pareja a avanzar hacia los pasos que sientan las bases de una relación sana. Profundicemos en las habilidades vitales de la escucha activa, la empatía y la discusión productiva:

Escucha activa

Atención concentrada: Prestas atención cuando tu interlocutor habla sin distracciones ni interrupciones. Esto le hace sentir que lo que dice le importa. Esto significa apartar los dispositivos, mantener el contacto visual y entablar una conversación basada en lo **que** está diciendo.

Escucha reflexiva: Reproduzca a su interlocutor lo que ha dicho. Decir cosas como "Lo que te he oído decir es..." o "Me parece que..." puede indicar que estás escuchando y que entiendes su versión.

No interrumpa

No interrumpas aunque creas que debes hacerlo. Dar tiempo a tu pareja para que termine le da el respeto de escuchar su voz y puede ayudarle a desenredar sentimientos e ideas difíciles.

Empatía

Intenta ponerte en el lugar del otro:

La empatía significa ponerse en el lugar del otro. Intenta que no todo gire en torno a ti. Requiere un esfuerzo emocional ponerse en su lugar y confirmar sus sentimientos.

Proporcionar apoyo emocional

Di palabras o acciones que ayuden a expresar y validar sus sentimientos. Frases como "Entiendo por qué te sientes así" o "Eso parece difícil" demuestran no sólo que estás escuchando, sino también que te identificas con su experiencia.

No juzgar

Intenta no sacar conclusiones rápidas ni dar consejos **no solicitados**. La empatía consiste en no juzgar y ofrecer a la otra persona un espacio en el que se sienta segura para expresarse.

Diálogo constructivo

Usar frases con "yo": para no parecer que culpas a la otra parte, describe tus sentimientos con frases con "yo". Así, en lugar de decir: "Nunca me escuchas", sustitúyelo por: "Me siento desoído cuando...". También ayuda a reducir las reacciones defensivas.

Lo que se busca es un enfoque basado en soluciones. En lugar de culparse mutuamente cada vez que surja un conflicto. Intenta encontrar un término medio o una solución que respete los deseos de ambos.

Mantener la calma y la cortesía

Puedes estar en desacuerdo con la otra parte, pero mantén un tono tranquilo y evita las palabras incendiarias o los insultos. Así se sientan las bases del respeto por una comunicación abierta y honesta.

Practicar estas habilidades a diario

Desarrollar estos hábitos de comunicación lleva tiempo, pero con la constancia en la escucha activa, la empatía y el diálogo constructivo se crea una relación más resistente. Siendo amable y considerado, puedes establecer una confianza que facilite intercambios sanos, transparentes y satisfactorios.

Ejercicios para mejorar la capacidad de escucha:

Escuchar por reflejo

Instrucciones: Un miembro de la pareja comparte un pensamiento, sentimiento o experiencia mientras el otro escucha sin interrumpir. A continuación, el oyente repite lo que ha oído con sus propias palabras.

Intención: Verificar la comprensión, fomentar la empatía y reforzar la escucha activa.

Técnica hablante-oyente

Hay que turnarse para hablar y escuchar. Una persona habla durante un tiempo determinado (por ejemplo, dos minutos) y la otra escucha sin responder. Esto ocurre cuando el oyente parafrasea al orador lo que ha oído una vez que éste ha terminado de hablar.

Intención: Al limitarse a escuchar y no responder inmediatamente, los interlocutores experimentan menos reacciones defensivas y se centran mejor en las palabras **del otro**.

Práctica de la empatía

El oyente menciona un sentimiento que el interlocutor puede haber experimentado y lo valida ("Entiendo por qué te has sentido así").

Intención: tratar de comprender antes de responder o juzgar.

Juego de preguntas y aclaraciones

En cada una de las dos rondas siguientes, uno de los interlocutores comparte un pequeño pensamiento o experiencia (no tiene por qué ser enorme), y el otro responde únicamente formulando preguntas aclaratorias, en lugar de hacer afirmaciones. El objetivo de cada pregunta debe ser aclarar y comprender, no criticar.

Objetivo: Permite al oyente profundizar en la comprensión y no en conclusiones y reacciones.

Evitar la comunicación defensiva: Algunas estrategias

Pausa durante los desacuerdos

Cómo utilizarlo: Si una discusión empieza a intensificarse, sugiera un breve receso (de 5 a 10 minutos) para que todo el mundo se calme. Aprovecha este tiempo para hacer una pausa, respirar hondo y considerar una línea de acción productiva.

Por qué funciona: Evita los arrebatos emocionales instintivos que conducen a la actitud defensiva.

Aprende a calmarte

Qué hacer: Cuando te sientas a la defensiva, piensa en una técnica tranquilizadora. Puede ser respirar profundamente, contar hasta diez o decirte a ti mismo que tu pareja no está intentando hacerte daño, sino comunicarse contigo.

Efecto: Calmarse puede evitar que adoptemos las respuestas predeterminadas de lucha o huida y que resolvamos el desacuerdo.

Acordar una palabra de seguridad

Cómo hacerlo: Establezca una palabra designada (o una frase como "deberíamos tomarnos un descanso") para que cualquiera de los miembros de la pareja la invoque cuando observe que se pone a la defensiva o si necesita un momento. Ambos miembros de la pareja hacen una pausa y vuelven a evaluar cuando se produce la palabra o frase de seguridad.

Efecto: Evita la escalada proporcionando una forma inmediata de detener los intercambios potencialmente defensivos y reagruparse con calma.

Con la aplicación coherente de estas habilidades, las parejas pueden aprender a escuchar más profundamente, hablar con más empatía y estar menos a la defensiva, todo lo cual contribuirá a una relación más fuerte y sana.

Capítulo 3
Restaurar Intimidad emocional

La importancia de una conexión emocional

El vínculo emocional es el quid de una relación sana y duradera. Va más allá de la atracción física o los intereses similares. Une a las parejas de manera significativa.

Sin una conexión emocional firme construida a partir de los cimientos de una relación, la mayoría de las demás conexiones pueden parecer más transaccionales y superficiales. Esto hace que la relación tenga menos probabilidades de resistir el paso del tiempo.

La base de la confianza y la seguridad

Con las conexiones emocionales, los miembros de la pareja se sienten seguros para funcionar el uno con el otro. Esta seguridad genera confianza, esencial para la franqueza, la honestidad y la vulnerabilidad. Saber que la pareja estará ahí emocionalmente significa que cada persona puede ser ella misma sin miedo a ser juzgada o rechazada.

Mejora la comunicación

Sólo se puede hablar abiertamente con una conexión emocional que fomente la confianza. Da a las personas la oportunidad de expresar sus pensamientos más profundos, sus aspiraciones, sus miedos, y les hace sentirse comprendidas y valoradas por su pareja.

En el plano emocional, las parejas no se limitan a escucharse, sino que se prestan atención y cuidado, lo que se traduce en respeto y aprecio mutuos que ayudan a fortalecerse.

Fortaleza en tiempos difíciles

Todas las relaciones tienen sus retos, pero las que tienen una profunda conexión emocional son más resistentes a las tormentas que pueden surgir en una relación. Cuando ocurren cosas que podrían dañar la relación -pérdidas, estrés, problemas económicos o personales-, las parejas unidas con un vínculo emocional sienten que pueden apoyarse mutuamente, que están unidas, que están juntas en esto.

Aumenta la cercanía y la satisfacción

La intimidad es esa chispa que puede mantener encendida la llama de la relación y procede de las conexiones emocionales. Tiende un puente entre la cercanía física y la emocional, haciendo que los momentos íntimos sean más significativos. Cuando los miembros de la pareja se sienten emocionalmente cercanos, es más probable que experimenten una profunda satisfacción y alegría en la relación, reforzando su compromiso mutuo.

Fomenta el crecimiento y la autoestima

Un vínculo emocional sano permite a ambos miembros de la pareja sentirse apreciados y queridos, lo que es esencial para que la autoestima se convierta en algo más que un concepto. Cuando existe una validación individual de las emociones, las personas tienen la motivación para perseguir lo que quieren y ser la mejor persona que pueden ser para sí mismas y para la relación.

Dar pequeños pasos, como expresiones continuas de gratitud, practicar la empatía y pasar tiempo de calidad juntos, ayuda a construir conexiones emocionales. Cuando se cultiva, se convierte en una base sólida sobre la que se construyen relaciones duraderas, permitiendo que el amor se profundice y perdure en el tiempo.

Herramientas para que las parejas vuelvan a conectar emocionalmente y enciendan la Intimidad Emocional.

Reavivar la intimidad emocional en una relación es un proceso continuo que requiere un poco de esfuerzo por ambas partes, así como una comunicación abierta sin fin. A continuación se presentan algunas herramientas y técnicas que las parejas pueden utilizar para reconectar emocionalmente:

Controles diarios

Programe encuentros regulares: Encuentre un momento del día en el que ambos puedan reconectar. Puede ser durante la cena, antes de acostarse o en cualquier momento tranquilo que les venga bien a ambos.

Implementar estructura:

Puede optar por estructurar sus controles empezando por:

¿Qué tal el día? Háblenos de algunos momentos destacados y de algunos retos.

¿Qué te ha hecho sentir querido o respetado hoy? (Reconoce los momentos positivos)

¿Hay algo que pueda hacer para que te sientas mejor? (Diríjase al apoyo solicitado)

¿Qué podemos hacer para que mañana sea mejor? (Plan de mejoras)

Expresar agradecimiento

Diarios de gratitud: Pide a cada miembro de la pareja que anote en un diario las cosas por las que siente gratitud hacia el otro. Si no tienes muchas ideas, puedes usarlas para empezar la comprobación diaria.

Tarjetas de cumplidos: Escribe cumplidos y agradecimientos concretos en un montón de tarjetas. Bien alimentado el buen rollo: saca una tarjeta por turnos y léesela a tu pareja.

Afirmación diaria: Di todos los días algo que te guste de tu pareja: algo que haya hecho o una cualidad que aprecies en ella.

Compartir emociones

Una rueda de sentimientos organiza 72 sentimientos en una especie de gráfico circular y los clasifica en estos 6 grupos: triste, enfadado, asustado, alegre, poderoso y pacífico. La rueda puede ser útil para identificar los sentimientos y emociones específicos que experimentas en cada momento, de modo que puedas abordarlos y resolverlos

Utiliza una rueda de sentimientos - Este consejo puede ser útil para expresar tus emociones. Utilice la rueda para identificar pensamientos y sentimientos. Hacer esto juntos podría añadir mucho entendimiento a la relación.

Ejercicios de vulnerabilidad - Haz ejercicios que exploten la vulnerabilidad, como compartir el miedo o cualquier cosa sobre el pasado, como un sueño de la infancia.

Tiempo de calidad juntos

Programe citas nocturnas: Reserve tiempo para divertirse y conectar fuera de las responsabilidades cotidianas. Comparta algo nuevo para generar entusiasmo.

Desintoxicación digital: Reserva un tiempo a la semana para desconectar de los dispositivos y pasar tiempo juntos sin distracciones. Un paseo por el parque, una cena en un restaurante tranquilo.

Afecto físico

Rituales de contacto sencillos: Tómense de la mano cuando caminen o se sienten juntos. Dense un abrazo rápido cuando uno de los dos llegue a casa o salga de ella. Acurrúquense o simplemente siéntense uno junto al otro y tóquense. Háganlo de forma que refuercen la conexión.

Intercambio de masajes: Resérvate tiempo para darte masajes, haciendo hincapié en la relajación y la intimidad.

Edificio Vision

Planificación de futuro: Hable y planifique el futuro. Tú y tu pareja a solas (puede ser cualquier cosa, como planes de viaje, objetivos financieros, objetivos familiares...) Una visión compartida ayuda a unir y conectar.

Actos de bondad por sorpresa

Sorprenda a su pareja: déjele una notita, prepárele su plato favorito, lávele los platos o lave la ropa... una pequeña señal que le diga "estoy pensando en ti" le llegará muy lejos.

Integrar estas estrategias en la vida cotidiana puede ayudar a profundizar en la intimidad emocional de las parejas y fomentar una relación más nutritiva. Revisar regularmente estas prácticas y adaptarlas a la evolución de su relación puede conducir a una conexión sostenida y al crecimiento de la intimidad emocional.

Capítulo 4
Autoestima Esencial para un Relaciones sanas

Alimentar no sólo la autoestima de su pareja, sino también la suya propia, como pareja.

La autovaloración mutua es una vía para la salud de una relación. La pareja funciona cuando ambos conocen su valía y aportan confianza, equilibrio y madurez emocional a la relación. Esta base ofrece a las parejas la capacidad de hablar, compartir lo que necesitan y apoyarse mutuamente sin emitir juicios ni guardar resentimientos.

Reconocer y alimentar la autoestima personal fomenta el crecimiento personal, lo que puede reportar importantes beneficios para la relación. He aquí algunas formas clave en que la autoestima individual y el crecimiento personal afectan a las parejas:

Mejora de la comunicación: Cuando existe un alto nivel de autoestima, las personas están más predispuestas a comunicarse abierta y eficazmente. Este diálogo abierto ayuda a resolver conflictos más rápidamente y también a construir la intimidad emocional.

La importancia del respeto: Cuando te respetas a ti mismo, es más fácil respetar a tu pareja y que tu pareja te respete a ti. Cuando cada persona reconoce su propio valor, está mejor preparada para respetar y apreciar la individualidad de su pareja, fomentando una relación sana y equilibrada.

Superar la adversidad: Tener autoestima da a las personas la capacidad de afrontar los retos que se les presentan teniendo una mejor mentalidad. Cuando las cosas se ponen difíciles, los socios con un alto sentido de sí mismos pueden afrontar lo que se les presente como una unidad, en lugar de en un estado de pánico. Esto facilita mucho la resolución de los problemas.

Mayor empatía: A medida que las personas crecen y aprenden más sobre sí mismas, suelen desarrollar una comprensión más profunda de las experiencias de los demás. Este sentido de la empatía refuerza el vínculo emocional entre los miembros de la pareja y ayuda a superar las fases difíciles de la vida.

Apoyar intereses fuera de la relación: Una alta autoestima puede servir de estímulo para perseguir intereses y pasiones fuera de la relación. Esto ayuda, no sólo a mejorar sus propias vidas, sino también a aportar algo nuevo. Ayuda a mantener la relación fresca e interesante.

Crear una atmósfera propicia para el crecimiento: Si ambos miembros de la pareja trabajan para desarrollar su propio sentido de la autoestima y su propio desarrollo, están proporcionando un terreno fértil para que el otro crezca. Se convierte en una asociación en la que ambos individuos pueden florecer. Esta energía puede fortalecer la relación, ya que ambas partes se sienten apreciadas e inspiradas para hacerlo bien.

Prácticas de autorreflexión y autocompasión

Diario de gratitud

Idea: Escribe cada día tres cosas de ti mismo por las que te sientas agradecido. Por ejemplo, lo que mejor sabes hacer, lo que has conseguido o cualquier rasgo que te guste de ti mismo.

Propósito: Esta actividad le anima a reconocer su contribución y a pasar de buscar validación externa a valorarse a sí mismo en primer lugar.

Pausa para la autocompasión

Cuando te sientas inadecuado y busques validación, detente y tómate un respiro de autocompasión. Reconozca sus emociones, dígase a sí mismo que es normal sentirse así y, a continuación, dígase a sí mismo lo que le diría a un amigo que se sintiera así.

Por qué funciona esta práctica: Esto ayuda a proporcionarte más amor y compasión, en lugar de juicio. Después de todo, cuando cometes errores recuerda... que no sabes, lo que no sabes.

Ejercicio de clarificación de valores

En primer lugar, escriba sus valores fundamentales y, en segundo lugar, ordénelos por orden de importancia.

A continuación, pregúntate cómo estos valores conforman tu identidad y qué decisiones tomarías con o sin tu pareja con esta mentalidad.

Objetivo: Aclarando los valores personales, las personas pueden reforzar su autoestima y reducir la dependencia de la pareja para su validación.

Creación de afirmaciones

Escribe afirmaciones positivas como "Soy único, con mis talentos y defectos" , "Merezco que me traten bien". "Soy único". Repítete estas afirmaciones todos los días. O cómprate un audiolibro de afirmaciones y escúchalas siempre que puedas.

Intención: Las afirmaciones positivas pueden desviar el discurso negativo y, por tanto, ayudar a crear una imagen más fuerte de uno mismo.

Redacción de cartas de reflexión

Escríbete una carta a ti mismo como si estuvieras escribiendo a un amigo querido. Exprésate amor, apoyo y comprensión, abordando cualquier sentimiento de inadecuación o dependencia que puedas tener.

El objetivo: Este ejercicio fomenta la autoaceptación y la compasión, permitiéndote replantear con elegancia los pensamientos negativos.

Meditación Mindfulness

Practica la meditación de atención plena entre 5 y 10 minutos al día, concentrándote en la respiración y observando los pensamientos sin criticarlos.

Por qué: Mindfulness aumenta la conciencia y te da las habilidades para reconocer y separarte del deseo de validación de una fuente externa.

Inventario de autovalidación

Haz una lista de tus logros, rasgos y atributos que valoras de ti mismo al margen de lo que digan los demás. Repasa esta lista con regularidad.

Por qué: Este es un gran ejercicio para recordarte que vales por ti mismo.

Reflexión sobre la fijación de límites

Detalles - Identifica las facetas de tu relación en las que dependes demasiado de tu pareja. Anota los límites exactos que puedes crear para fomentar la independencia.

Propósito - Tener límites sanos ayuda a fomentar menos codependencia y más Autosuficiencia.

Escucharse a uno mismo con compasión

En este ejercicio, dedica tiempo a escuchar tus propios sentimientos y necesidades como si estuvieras escuchando a un amigo. ¿Qué necesitarás para apoyarte y validarte?

Propósito - Esta práctica está diseñada para ayudarte a descubrir más sobre ti mismo y a sentir y comprender tus emociones reales.

Crear un tablero de visión personal

En qué consiste: Haz fotos, citas y otros recordatorios de cosas relacionadas con tu imagen del éxito, los logros, la autodefinición, etc. Colócalo en algún lugar donde puedas verlo a diario.

Por qué: Un tablón de ideas te ayuda a centrarte. Es una forma estupenda de recordarte lo que quieres de la vida y de reforzar la independencia de la validación de tu pareja.

Estos ejercicios pueden ayudar a las personas a cultivar un sentido de autocompasión y autorreflexión que les dé fuerzas para encontrar la validación en su interior, en lugar de depender únicamente de su pareja. Al fomentar el autoconocimiento y reforzar los valores personales, las personas pueden fortalecer su resiliencia emocional (autoestima), volverse menos necesitadas y mejorar sus relaciones.

Capítulo 5
Gestión de conflictos de forma saludable

Cómo pueden afrontar los conflictos las parejas de forma saludable

Resolver los conflictos de forma constructiva, a Enfoque en profundidad de la resolución constructiva de conflictos.

Escucha activa:

Escuche sin formular su respuesta mientras su interlocutor habla. Indica que estás atento (con señales verbales y no verbales [asentir con la cabeza, contacto visual]).

Repite lo que te han dicho con tus propias palabras, lo que confirma la comprensión y valida las emociones.

Mantén la calma:

Mantén la calma cuando abordes un conflicto. Respira hondo unas cuantas veces o tómate un breve descanso si las emociones son muy intensas.

Sé respetuoso y no grites...
Esto reducirá al mínimo la actitud defensiva. Intenta expresar tus sentimientos sin que parezca que estás culpando a tu pareja.

Identificar el problema:

Identifica cuál es el verdadero problema. No plantees otras cuestiones y sé preciso sobre la causa del conflicto. Reconoce lo que ambos estáis tratando para poder mantener la conversación por el buen camino.

Resolución colaborativa de problemas (SCP):

Colaborar para resolver problemas en lugar de competir por la respuesta "correcta". Eso incluirá considerar opciones y ser flexible. Tomar juntos una decisión sobre los pros y los contras de las soluciones.

Establezca límites:

Establezca normas básicas sobre lo que se puede discutir y cuándo, incluida la prohibición de insultos y de sacar a relucir agravios pasados.

Decide durante cuánto tiempo vas a hablar de este tema y cuándo volverás sobre él si es necesario.

Reconocer patrones nocivos

Algunos comportamientos pueden ser tóxicos para una comunicación sana y los conflictos. El primer paso para abordarlos es reconocer estos patrones.

Stonewalling:

Es entonces cuando uno de los interlocutores se derrumba, se apaga o se desentiende de la conversación.

Por ejemplo, dar respuestas de una sola palabra, ignorar el contacto visual, salir de la habitación, son todas señales.

Así que lo mejor es superar este reto haciendo que ambos miembros de la pareja se sientan seguros para expresarse.

Crítica:

Criticar es atacar el carácter de tu pareja en lugar de abordar el comportamiento que está causando el problema.

Nunca escuchas, siempre metes la pata, etc...

Combata esta situación hablando desde su propia experiencia, en lugar de hacerlo de forma amplia y acusatoria.

Defensividad:

Cuando un interlocutor se siente atacado, suele responder con contra-quejas o justificaciones: esto conduce a un diálogo disfuncional.

Así que presta atención a lo que ocurre cuando la conversación pasa de un debate sobre un tema a un ejercicio de señalar con el dedo; ten cuidado con ponerte a la defensiva. Alternativamente, practica la aceptación de la responsabilidad (aunque sea parcial) por el papel que has desempeñado en el conflicto.

Desprecio:

Que consiste en comentarios o acciones despreciativas, normalmente acompañadas de sarcasmo, burla o gestos.

El desprecio es desagradable, y de hecho puede llevar al colapso de las relaciones. No expreses ningún tipo de desprecio, en su lugar, esfuérzate por hablar civilizadamente, incluso cuando no haya ningún acuerdo.

Una pareja puede navegar eficazmente por los conflictos utilizando técnicas constructivas de resolución de conflictos y siendo consciente de los patrones tóxicos. Construir una base sólida de confianza, respeto y comunicación abierta es esencial para mantener una relación sana, lo que en última instancia conduce a una comprensión y una conexión más profundas.

Estrategias de resolución de conflictos para sortear los desacuerdos sin quebrantar la confianza ni el respeto.

Cuando se producen peleas, como es inevitable, la resolución de conflictos es necesaria no sólo para la salud de la relación, sino para el bienestar de las dos personas implicadas. He aquí algunas estrategias que ayudan a las parejas a superar las discusiones manteniendo la confianza y el respeto:

Escucha cooperativa: cada interlocutor debe escuchar activamente en las conversaciones. Para ello hay que escuchar activamente, validar las emociones del interlocutor y parafrasear lo que ha dicho para demostrar que se le entiende. Además, demuestra que cada uno aprecia el punto de vista del otro.

No lo hagas personal:

Para evitar dejarse llevar, quien se haya sentido ofendido debe tener la cortesía de centrarse en la cuestión y no atacar a la otra parte. Esto puede ayudar a reducir el resentimiento, permitiendo una resolución de problemas más clara.

Empatía y validación:

Intente validar los sentimientos del otro. De este modo, ambos miembros de la pareja pueden sentirse validados y aceptarse mejor aunque tengan opiniones diferentes.

Comparte el cajón de arena

En lugar de competir por ganar la discusión, trata la situación como si ambos estuvieran en el mismo equipo. Trabajen juntos para encontrar soluciones y estén dispuestos a llegar a compromisos que satisfagan las necesidades de ambos.

Dejar ir y perdonar:

Una vez resuelto el conflicto, esfuérzate por perdonar y dejarlo ir. Dejar ir: aferrarse a viejos resentimientos puede destruir la confianza y el respeto. Céntrate en el presente y el futuro.

Busque ayuda profesional

Si hay mucho conflicto o si es especialmente peligroso, pide ayuda a un terapeuta o consejero de pareja. Ellos pueden darte las herramientas y técnicas pertinentes para la dinámica única de tu relación.

Si se practican bien, estas técnicas pueden ayudarles a resolver las diferencias que surjan, a reforzar su relación y a mantener la confianza y el respeto mutuos.

Capítulo 6
Reavivar Romance y diversión

Devuelve la diversión y la emoción para volver a encender la chispa y el fuego

A continuación se ofrecen algunas ideas para reintroducir la diversión, el juego y la espontaneidad en la vida de pareja:

Noches de cita sorpresa: Túrnense para planear citas sorpresa el uno para el otro, manteniendo en secreto hasta el último minuto adónde van y qué van a hacer. Esto puede generar emoción y permitirles crear nuevos recuerdos juntos.

Competición desenfadada: Propón algunos retos o juegos divertidos que hagáis juntos, como preparar una cena sólo con un ingrediente determinado, o una batalla de baile en el salón o una partida al Monopoly.

Sorpresas al azar: Deja pequeños mensajes o regalos para el otro en lugares donde no esperes que los encuentren, en la bolsa del almuerzo, en el asiento del coche... para alegrarles el día.

Días de aventura: Pasad un día explorando una zona nueva o haciendo algo fuera de vuestra zona de confort juntos, como ir de excursión por un camino nuevo, visitar un museo cercano o asistir a un taller.

Noches de nostalgia: Reviva sus citas favoritas o las cosas que hicieron juntos cuando se conocieron. Quizá viendo una película antigua o preparando una receta de vuestra primera cita juntos.

Escapadas rápidas: Agite el curso habitual del "día a día". Si puedes, organiza una escapada de fin de semana a un entorno local, ¡haz la maleta y vete!

Cosas creativas que hacer: Haced juntos un proyecto divertido, por ejemplo, pintar una habitación, plantar un jardín o construir algo que os guste a los dos. Eso ayuda al espíritu de equipo y a la creatividad.

Cenas temáticas: Haz cenas temáticas en las que prepares comidas de diferentes culturas o épocas y vístete en consecuencia.

Recoge cumplidos: Haz un tarro con cumplidos o recuerdos positivos sobre el otro. Cada semana, saca uno del tarro y compártelo.

Comunicación coqueta: Los apodos juguetones, los mensajes de texto coquetos a lo largo del día y los mensajes dulces o románticos son cosas divertidas para mantener las cosas juguetonas.

Incorporar estos elementos puede ayudar a reavivar la chispa en una relación, haciéndola más alegre y satisfactoria.

Algunas ideas más

Las noches de cita, los pequeños gestos románticos y las actividades divertidas para ayudar a las parejas a volver a enamorarse entran en esta categoría, así que aquí tienes algunas ideas que puedes compartir:

Vayan juntos al cine. Vean el último éxito de taquilla o una película de suspense. Os dará algo de lo que hablar después.

Asistan juntos a una clase de cocina y aprendan juntos nuevas habilidades culinarias para disfrutar de los frutos de su trabajo.

Juega a juegos de mesa o videojuegos que os gusten a los dos. Sé creativo con los premios para el ganador.

Lista de reproducción colaborativa: Haz una lista de canciones que representen vuestra relación y escuchadla juntos.

Golosinas al azar: Coge un tentempié o postre favorito cuando vayas a la compra o a hacer un recado. Porque sí.

Actividades divertidas

Hogar y manualidades: Busca un proyecto de mejora del hogar o un producto de manualidades en el que ambos queráis trabajar juntos.

Vaya a eventos locales: Busca conciertos, ferias o mercados de agricultores cercanos y aventúrate con ellos.

Noche de trivial: Busca una noche de trivial en un bar o restaurante cercano y retaos en equipo a otras parejas.

Club de lectura para dos: Elige un libro que leáis los dos y mantened una conversación (puntos extra si tomáis café o cenáis en casa, como se ha mencionado anteriormente).

Turista En Tu Propia Ciudad: Haz de guía turístico en tu propia ciudad. Visita un museo, un jardín botánico o un monumento histórico en el que aún no hayas estado.

Comparte tus ideas

Blog o redes sociales: Escribe una entrada en tu blog o compártela en las redes sociales sobre tus ideas para una cita nocturna.

Talleres para parejas: Investiga la posibilidad de organizar o asistir a talleres para mejorar las relaciones sentimentales.

Contenido creativo: Haz vídeos o podcasts que desarrollen estas ideas, incluyendo testimonios o entrevistas a parejas.

Diario en pareja: Llevar un diario juntos para anotar ideas, experiencias y reflexiones sobre las citas.

Vaya a un parque temático. Disfruta de la emoción de una montaña rusa, o simplemente diviértete paseando por el parque o disfrutando de los resorts del parque.

Presentando estas ideas de una forma cercana y atractiva, podéis inspiraros mutuamente para dar prioridad a la relación y fomentar una conexión más profunda.

Capítulo 7
Pasos hacia la curación con Perdón y Autoestima

Identificar el daño

El primer paso es permitirse sentir el dolor. Tómate un momento para sentir el dolor (puede ser tristeza, rabia, traición, lo que sea) causado por un acto o unas acciones concretas. Tómate tu tiempo, validar tus sentimientos forma parte del proceso de curación. Profundiza e identifica las emociones subyacentes; ¿tu rabia se debe a otra emoción, como sentirte poco apreciado, poco respetado o incluso abandonado?

Reconocer el impacto

A continuación, reflexione sobre el impacto que ha tenido en su vida el hecho de sufrir esta lesión. Observa si cambia tu estado de ánimo, tu confianza o incluso tu salud en general. ¿Notas algún patrón en tu forma de relacionarte con la gente? Puede que ahora seas más precavido, o que el dolor que has experimentado haya puesto barreras entre tú y las personas que más quieres. Si eres consciente de estos efectos, podrás ver por qué merece la pena pasar por este proceso.

Desarrollar la empatía y la capacidad de adoptar perspectivas

Este paso no consiste tanto en perdonar a la otra persona como en dejar que tu dolor tenga un poco menos de poder sobre ti. Intenta separar la intención de la otra persona de cómo recibiste su acción.

La gente a veces se hace daño por accidente y en el **momento en que vemos esta distinción,** podemos liberarnos. Piensa en momentos de tu vida en los que hayas podido herir a alguien sin querer y comprueba si eso te ofrece cierta empatía por tu experiencia. Ten en cuenta que practicar la empatía es una forma de liberarte de las cadenas del resentimiento.

Expectativas de publicación

Perdonar a alguien es liberarte a ti mismo, no esperar a que te pida perdón. Puede que te resulte útil redactar una declaración personal de liberación a la que puedas remitirte en momentos de dificultad. Podría ser algo tan sencillo como: "Dejo ir este dolor por mi propia paz".
Repítelo tantas veces como necesites.

Experimenta con ejercicios para practicar el perdón

Ahora, vamos a sumergirnos en algunas herramientas prácticas para ayudarte a soltar. Empieza escribiendo un diario, pon por escrito cómo te sientes sobre lo que pasó y el impacto que tuvo en ti. Puede que también necesites escribir a la persona que te ha hecho daño. **NO** estás obligado a enviarla - esto es sólo para ti. Escribe cada emoción, que sea un refugio seguro para todos los pensamientos que tengas.

También puede resultarte beneficioso probar una meditación guiada o una visualización. Piensa en el dolor que sientes como si fuera una carga, algo muy pesado. Luego imagina que dejas ese peso y sientes que tu cuerpo se aligera a medida que tu mente empieza a despejarse. Estos sencillos ejercicios pueden ser a veces todo lo que necesitas para cambiar el rumbo de tu viaje.

Crear una nueva narrativa

Te haya pasado lo que te haya pasado, no eres una víctima, eres una superviviente, eres más fuerte gracias a ello. Empieza a escribir una nueva historia en la que seas poderoso. Te conviertes en una persona que aprendió, creció y perseveró, en lugar de una víctima del dolor. Ahora estás empezando a procesar tu dolor y a convertirlo en tu poder.

Liberarse y avanzar

Ser una persona que perdona no significa dar a alguien carta blanca para que vuelva a hacerte daño. Si la persona que te hizo daño sigue en tu vida, piensa qué límites necesitas establecer para sentirte seguro. Es un proceso, no un destino, y está bien dar un paso cada vez. La gente sólo puede ir tan lejos como tú se lo permitas. Puede que necesites "Elevar tus estándares".

Puedes perdonar incluso cuando la otra persona no está dispuesta a cambiar

Por último, sepa que el perdón es posible incluso si la persona que le hizo daño no ha cambiado, o no quiere hacerlo. Eso NO significa que estés excusando lo que hizo; simplemente has tomado la decisión de estar en paz. Date cuenta de que puede que nunca cambien, y no te preocupes ni tengas miedo. Vive tu vida y sigue adelante con los valores que te son propios. De vez en cuando, eso significa alejarte de la persona que sigue haciéndote daño. Perdonar significa que sigues adelante sin excusarte por su comportamiento.

Reconocer cuándo el perdón no es suficiente

El perdón es un regalo que te haces a ti mismo, pero en ningún caso debe confundirse con debilidad. Si tu pareja o ser querido sigue repitiendo las mismas acciones perjudiciales y empieza a tratar tu perdón como una luz verde para seguir adelante sin consecuencias, puede que vuestra relación necesite una reevaluación.

Puedes perdonar a alguien sin estar obligado a mantenerlo en tu vida. No todas las personas están destinadas a formar parte de tu vida y, a veces, lo mejor que puedes hacer es alejarte o dejarlas marchar, y ponerte a ti mismo por encima de todo. Terminar una relación puede ser doloroso, pero alejarse de un daño repetido demuestra fortaleza y compromiso contigo mismo.

Capítulo 8
Tratar con el exterior
Juntos contra el estrés

Presiones externas como el trabajo, la familia y el estrés económico pueden ejercer una enorme presión sobre las relaciones. Las parejas que quieran tener una relación fuerte y duradera deben estar atentas a algunos de estos retos habituales que pueden tensar las relaciones.

Trabajo

Limitaciones de tiempo: Las parejas que trabajan suelen pasar muchas horas en la oficina, tienen horarios exigentes y viajan de vez en cuando, lo que puede mantenerles alejados durante largos periodos y hacer que su pareja se sienta desatendida.

Estrés y agotamiento: El estrés relacionado con el trabajo se traslada fácilmente a la vida cotidiana y, si una persona trabaja muchas horas, puede estar más irritable o emocionalmente agotada y no ser capaz de conectar con su pareja.

Aspiraciones profesionales: Si uno de los miembros de la pareja quiere trabajar a tiempo completo o viajar por todo el país para centrarse en su carrera, mientras que el otro tiene que criar a los hijos, eso podría generar mucha tensión en la relación.

Familia

Tratar con la familia política puede ser todo un reto. Los roces o las diferentes expectativas pueden crear tensiones entre las parejas.

Estilos de crianza: Si una pareja tiene diferentes estilos de crianza, pueden entrar en conflicto. Esto acabará provocando desacuerdos y resentimiento entre ambos.

Responsabilidades de la familia extensa: En lugar de cuidarse mutuamente, los padres o hermanos mayores pueden tensar la relación, restando tiempo y energía a la pareja.

Problemas de dinero:

Estrés financiero: Los problemas económicos, como las deudas, el presupuesto o la pérdida del empleo, pueden provocar tensiones y peleas y crear barreras de comunicación.

Ideas diferentes sobre el gasto: Cuando a un miembro de la pareja le gusta gastar dinero y el otro prefiere ahorrarlo. Esta diferencia puede provocar discusiones y frustración.

Objetivos económicos: Las diferencias sobre los objetivos financieros -como priorizar el ahorro para una casa o el gasto en experiencias- pueden provocar conflictos.

Otros factores externos

Vida social: Los amigos, los familiares y otras reuniones sociales a veces ejercen presión sobre las parejas, provocando sentimientos de agobio.

Problemas de salud: Los problemas de salud física o mental pueden suponer un reto para cualquier relación, ya que uno de los miembros de la pareja puede tener que asumir responsabilidades adicionales o tener dificultades para satisfacer las necesidades emocionales del otro.

Los cambios en la vida también pueden causar tensiones entre las parejas. Mudanzas, cambios de trabajo o la llegada de un hijo pueden afectar al delicado equilibrio de una relación.

Estrategias para afrontar los retos del estrés externo

Comunicación abierta: Hablar de emociones, aprensiones y deseos con frecuencia puede mantener a ambos miembros de la pareja en la misma línea y ayudar a encontrar ideas similares para resolver los problemas.

Tiempo de calidad juntos: Dar prioridad a la unión y al tiempo juntos, puede fortalecer el vínculo de pareja. Incluso pequeñas dosis de tiempo de calidad pueden ayudar a la pareja a reconectar.

Planificación financiera - Elaborar juntos un plan financiero puede ayudar a mantener a la pareja en sintonía y a aliviar las tensiones relacionadas con el dinero.

Establezca límites: Reserva tiempo para la familia o pon límites al trabajo para mantener el equilibrio en la relación.

Pedir ayuda: Si las presiones externas se vuelven abrumadoras, las parejas pueden beneficiarse de la terapia o el asesoramiento para abordar problemas más profundos y mejorar sus habilidades de comunicación.

Al ser capaces de reconocer y abordar los factores externos que pueden tensar una relación, las parejas pueden trabajar juntas para crear un entorno de apoyo que nutra su vínculo.

Cómo apoyarse mutuamente en situaciones de estrés

Aprenda a reconocer los factores desencadenantes del estrés

Como pareja, aprendan a identificar las señales que desencadenan el estrés del otro. Ciertas palabras utilizadas, irritabilidad, retraimiento, etc. Descubran qué ha provocado que se manifieste.

Retírate en ese momento y deja que la cabeza fría prevalezca en otro momento. Intenta abordarlo en uno o dos días, mientras el suceso y las emociones aún están frescos. Decid si necesitáis más tiempo para procesarlo o cuándo estáis preparados para hablar.

Crear un entorno de apoyo

Consejos para parejas: Escuchar activamente. Una de las cosas que las parejas pueden hacer para evitar malentendidos en su relación es aprender a escuchar.
Escuchar con atención, asentir y no interrumpir.

Validación: Los compañeros deben decir cosas como: "Tiene sentido que te sientas así". Afirmaciones como "Entiendo por qué te sientes así". Esto demuestra respeto por los sentimientos de tu pareja y puede ayudar a validar sus experiencias, lo que hace que se sientan más seguros compartiendo la verdad contigo.

Hay poder en el contacto físico (un abrazo, cogerse de la mano). Es una forma fácil pero eficaz de mostrar consuelo y amor.

Barandillas emocionales

Establecer límites personales: Cada miembro de la pareja debe discutir sus necesidades de espacio físico, tiempo y energía emocional durante los momentos difíciles de estrés.

Respeta la forma en que deben respetarse estos límites: También es importante mantener conversaciones de seguimiento sobre estos límites, ya que pueden cambiar con el tiempo.

Crea palabras seguras: Piensa en una palabra o señal segura que cualquiera de los dos pueda utilizar cuando quiera retirarse de una conversación/situación.

Comunicación eficaz

Utilizar afirmaciones del tipo "yo" (por ejemplo, "me siento abrumado cuando...") para apropiarse de sus sentimientos sin culpar al otro.

Sea directo: vaya al grano y evite la jerga innecesaria o el lenguaje complejo. Sea muy claro sobre lo que desea de su pareja. (Por ejemplo, "Me gustaría que me ayudaras con la cena esta noche" en lugar de "Nunca me ayudas con la cena").

Momento oportuno - Intente mantener estas conversaciones cuando las cosas estén relativamente tranquilas y no durante un momento de gran tensión.

Fomente los comentarios y esté abierto a las críticas constructivas.

Práctica de la empatía y el compromiso

Toma de perspectiva: Los ejercicios "Si yo fuera tú" hacen que las parejas cambien de perspectiva y se pongan activamente en el lugar del otro y hablen de cómo se sentirían si estuvieran en la misma situación.

Estrategias de compromiso: El juego de supervivencia de la isla de Gottman

Este juego simula una situación de supervivencia en la que las parejas deben elegir qué objetos son los más importantes para ellos de una lista de 20. Cada pareja clasifica sus opciones y luego trabajan juntos para crear una lista conjunta de 10. Cada miembro de la pareja clasifica sus elecciones y luego trabajan juntos para crear una lista conjunta de 10. Este ejercicio ayuda a las parejas a priorizar sus necesidades y a encontrar puntos en común.

Visitas periódicas

Establezca conversaciones: Organice reuniones periódicas en las que los miembros de la pareja hablen de sus tensiones, necesidades y de cómo se sienten apoyados.

Recursos y herramientas

Libros

Comunicación no violenta: Un lenguaje de vida
por Marshall B. Rosenberg

Se centra en la comunicación empática y en la resolución de conflictos sin culpar ni criticar. Es excelente para cualquiera que busque crear diálogos más compasivos y comprensivos en las relaciones.

Los siete principios para que el matrimonio funcione
por John Gottman

Este clásico se sumerge en principios respaldados por la investigación que fortalecen las relaciones. Abarca desde la resolución de conflictos hasta la construcción de la amistad y la intimidad con la pareja.

Apego: La nueva ciencia del apego adulto y cómo puede ayudarle a encontrar y mantener el amor.
por Amir Levine y Rachel Heller

Examina el impacto de los estilos de apego en las relaciones y ofrece consejos prácticos para comprenderse mejor a sí mismo y a su pareja.

Abrázame fuerte: Siete conversaciones para una vida de amor
por la Dra. Sue Johnson

Utiliza la terapia centrada en las emociones para guiar a las parejas a través de conversaciones esenciales para reforzar sus vínculos y su conexión emocional.

Conversaciones cruciales: Herramientas para hablar cuando hay mucho en juego
por Kerry Patterson, Joseph Grenny, Ron McMillan y Al Switzler

Este libro proporciona herramientas para afrontar las conversaciones de alto riesgo con confianza y claridad, lo que resulta útil tanto en las relaciones personales como en las profesionales.

Puede ser una buena idea que cada miembro de la pareja elija un libro para que ambos lo lean.

A veces no se trata de lo que se dice, sino de quién lo dice. Si ambos aprovechan para leer los mismos libros sobre relaciones, cada miembro de la pareja puede darse cuenta de que los consejos que se dan probablemente no son tendenciosos porque proceden de una fuente imparcial.

Cuando las parejas reciban estas herramientas y estrategias, adquirirán los conocimientos necesarios para crear una relación de pareja más sólida. Comprométanse el uno con el otro con una práctica regular y creen un espacio en el que cada miembro de la pareja pueda sentirse escuchado y valorado, incluso en situaciones de estrés.

Capítulo 9
Establecer objetivos y una visión comunes

Es entonces cuando no sólo planificáis, sino que también reforzáis una base de acuerdo, compromiso y entusiasmo sobre cómo es el futuro a medida que establecéis objetivos y una visión comunes. Este capítulo os permite comprender exactamente lo que quiere cada uno de vosotros y alinea vuestros sueños idílicos por separado, así como vuestros puntos fuertes, para crear un camino conjunto por el que caminar juntos.

Por qué son importantes los objetivos compartidos

Considere su relación como un viaje en el que ambos son viajeros y cuyo destino final sólo puede alcanzarse juntos. Su relación necesita dirección y propósito, y los objetivos compartidos ayudan a definir ese destino. Sin ellos, la pareja puede distanciarse, persiguiendo sus propias pasiones y sueños sin darse cuenta de que van en direcciones distintas. Sin embargo, cuando se comparten las mismas metas, se avanza constantemente en equipo, afrontando los retos de la vida con un objetivo común.

Tener objetivos juntos también les unirá más. Marcarse objetivos como pareja significa que se cubren las espaldas mutuamente, a pesar de todo. Es una forma poderosa de decirse el uno al otro: me preocupo por nosotros y por nuestro futuro.

Cómo las parejas pueden crear su visión

Ahora bien, antes de entrar en los objetivos individuales o específicos de cada uno, empiecen siempre con una visión, una idea de cómo les gustaría que fuera su vida juntos. Tómense un tiempo para soñar juntos. Imagínense dentro de 20, 30 o incluso 50 años recordando su vida en pareja. ¿Qué tipo de recuerdos quieres crear? ¿Qué valores quieren que se mantengan? Cosas como cómo quieres pasar tus días, los viajes que emprenderás y lo que harás por los demás.

Pregúntense:

¿Cómo imaginamos una vida compartida que nos guste a los dos?

Como pareja, ¿qué es lo que más valoramos?

¿Cuál es nuestra visión del crecimiento, como individuos y juntos?

¿Qué queremos conseguir? ¿Construir una familia? ¿Crear un legado? O simplemente vivir lo mejor que podamos llenos de alegría. ¿Qué hace que la vida tenga sentido para nosotros?

Hablad sobre estas cuestiones, escuchad los sueños de los demás e inspiraos. Esta visión será la luz que os guíe en los objetivos que os fijéis.

Objetivos que refuerzan su visión

Cuando tengas una idea clara, ponte unos objetivos que te ayuden a conseguirla. Considérelos los pasos que va a dar para hacer realidad su visión. Algunos de estos objetivos serán grandes, como comprar una casa o formar una familia. Otros pueden ser más pequeños, como una cita semanal o unas vacaciones de ensueño. El objetivo es avanzar como pareja, así que esfuércense por conseguir resultados que incorporen los deseos y necesidades de ambos.

He aquí cómo definir eficazmente los objetivos comunes:

Hágalos claros y medibles

Los objetivos imprecisos promueven resultados imprecisos. En lugar de: Queremos ahorrar dinero, pruebe con: Queremos ahorrar 5.000 dólares durante el próximo año para irnos de vacaciones. De este modo, los dos sabréis en qué estáis trabajando y podréis ver fácilmente lo bien que lo estáis haciendo.

Asegúrese de que son alcanzables

Aunque es importante esforzarse, no se fije un objetivo inalcanzable. Ten en cuenta tu edad, tu capital y tu tiempo. Ni demasiado fácil, ni demasiado difícil: los objetivos al alcance de la mano son el punto ideal.

Alinearse con sus valores

Cree objetivos que estén en consonancia con los valores de la visión que ha desarrollado. Alternativamente, si retribuir a la comunidad es algo que tanto tú como tu pareja valoráis, hacer del voluntariado un objetivo común puede ser más productivo. Si la salud y el bienestar son importantes para ti, plantéate objetivos de fitness o bienestar que podáis disfrutar juntos.

Establecer un calendario

Los objetivos son Sueños con fecha límite. Los plazos ayudan a cumplir los planes. Establece objetivos a corto (en un año) y largo plazo (en cinco o diez años) para no desviarte del camino. Cada dos meses o al menos una vez al año, es divertido (y reconfortante) volver a estos objetivos y reajustarlos.

Equilibrar los objetivos individuales y compartidos

Apoyar los objetivos individuales de cada uno es tan importante como trabajar para alcanzar los objetivos comunes. Hablad abiertamente sobre vuestros objetivos personales y buscad formas de animaros mutuamente. Esto puede ayudar a evitar el sentimiento de competición y, en su lugar, crear un sentimiento de colaboración y orgullo por los éxitos de cada uno.

Diferencias en los objetivos

Habrá ocasiones en las que sus objetivos individuales no coincidan del todo. No pasa nada. El truco está en manejar esas diferencias con empatía y un espíritu libre dispuesto al compromiso. Discutir el porqué: entender la motivación puede facilitar la búsqueda de un terreno común y el apoyo mutuo si se puede articular la visión que hay detrás de los objetivos.

Exprese su pasión por un objetivo y escuche cuando su pareja lo haga con curiosidad y consideración. Hacer sacrificios por el otro forma parte de las relaciones. Sin embargo, debe ser equilibrado y mutuo.

Celebrar juntos los hitos

Honren juntos las pequeñas victorias. Alcanzar un destino puede ser estimulante, pero es el camino el que crea la conexión y la intimidad. Celebre los hitos juntos: puede ser un pequeño regalo, una salida nocturna o simplemente que cada uno de ustedes se tome un tiempo para pensar en algo que han logrado juntos. Las celebraciones mantienen alta la motivación y hacen que todo el proceso sea gratificante. Haga una pequeña inversión en felicidad.

Revisar y ajustar los objetivos

Las cosas y las situaciones cambian en la vida, así que prepárate para hacer ajustes en tus objetivos. Tendrás que adaptarte a medida que se presenten nuevas oportunidades y retos. Sigue visitando y revisando tus objetivos. Puede que algunos ya no sean relevantes, o que otros se sientan más alineados con tu visión ahora que antes. Deja espacio y sé flexible, sabiendo que tu relación es una entidad que respira y evoluciona.

Avanzar juntos

Una de las cosas más poderosas que puede hacer una pareja es fijarse objetivos comunes. No se trata sólo de conseguir algo. El tiempo que pasan juntos ayuda a alimentar la relación y a que prospere gracias al apoyo, el ánimo y el respeto mutuos.

Capítulo 10
Cómo mantener el progreso y crecer juntos

Las relaciones son dinámicas y requieren un esfuerzo continuo. Aquí tienes algunas ideas que te ayudarán a que tu relación siga creciendo.

Trabajar juntos en un tablero de visión de las relaciones

Convierte tus metas y sueños en un proyecto divertido. Recorta imágenes, frases y palabras de revistas inspiradoras, o hazlo directamente en tu ordenador creando un tablero de visión colaborativo. Temas como lugares a los que ir, aficiones en común o hitos en la vida. Los objetivos pueden cambiar, así que vuelve a visitarlo de vez en cuando para ver cómo te va y, tal vez, perfeccionarlo.

Revisiones mensuales de las relaciones

Reserva unos minutos al mes para hablar de tu relación. Puede ser un momento informal y sin presiones para hablar de lo que va bien, de los problemas y de cómo podemos mejorar cada uno por separado. Es conveniente que estas conversaciones sean informales, ya que demuestran a ambos miembros de la pareja que la comunicación abierta puede y debe ser parte habitual de una relación sana.

Retiro trimestral de parejas

Cada pocos meses, programen un "mini-retiro" en casa o un viaje de fin de semana para reconectar. Podrían dedicar este tiempo a experimentar juntos: hacer algo meditativo, crear algo bello, hacer turismo en una ciudad nueva. Este enfoque refuerza que el crecimiento y la exploración son una empresa de colaboración.

Cree una cápsula del tiempo para relaciones que se abrirá dentro de 5, 10 ó 15 años

Escribe cartas, haz fotos o guarda recuerdos que reflejen la relación actual y tu visión del futuro. Al cabo de un tiempo (un año, cinco años, etc.), ábranlo y piensen en cómo han crecido ambos como personas y como pareja, pero también observen si se han distanciado y cómo les hace sentir eso. Es un buen recordatorio para ambos de que las relaciones, como las personas, cambian con el tiempo.

Marcarse "retos de crecimiento" mutuo

Trabajen juntos para establecer un reto trimestral de crecimiento personal que beneficie indirectamente a la relación. Por ejemplo: ser más paciente, mejorar la comunicación, esforzarse más por comprender el punto de vista de los demás. Responsabilícense mutuamente, pero celebren el crecimiento juntos como pareja. Esto les ayudará a ser, no perfectos, sino mejores versiones de sí mismos.

Ambos escriben el Diario de Crecimiento de Relaciones.

Escribe una entrada mensual sobre tu relación y guárdala en un diario compartido. Anota tus recuerdos favoritos, las dificultades que habéis superado y lo que habéis aprendido el uno del otro. Este diario os permitirá recordar las cosas que os unieron y las que pueden hacer que sigáis creciendo.

Pruebe cada mes algo nuevo de su lista de cosas que hacer antes de morir

Haz una pequeña lista de cosas divertidas o aventureras que ambos queráis probar. Probad una cosa distinta cada mes.

Puede ser cualquier cosa, desde una clase de cocina hasta un nuevo deporte. La novedad mantiene vivo el interés por la relación... recuerda a cada uno lo que ambos sentían al principio de la relación y se suma a la creciente lista de momentos que cada uno puede recordar con alegría.

Establezca rituales para dar las gracias y reflexionar

Dedica un tiempo cada día o cada semana a enviar un mensaje de gratitud al otro. Dígale a su pareja las cosas buenas que ha hecho esa semana. Sobre todo, expresar gratitud con regularidad os recuerda que estáis juntos en esto y que ser pareja es una bendición.

Aumentar la intimidad

Juegos de rol y fantasía

Hable de cualquier fantasía y explore cualquier escenario que a ambos miembros de la pareja les gustaría explorar para condimentar un poco las cosas. Otra cosa buena de la imaginación es que tú y tu cónyuge ya no sois las mismas personas; es una brisa de aire fresco y emocionante.

Cambiar la configuración

Cuando se trata de una velada inolvidable, siempre es bueno experimentar con distintos escenarios, como otra habitación o unas pequeñas vacaciones románticas. Un nuevo escenario puede hacer que las cosas parezcan nuevas y espontáneas, y asimilarlo todo hace que uno se sienta más presente y concentrado.

Pruebe un masaje

La canción **Turn off the Lights de** Teddy Pendergrass incluye una sesión de aceite caliente y en su totalidad es una clase magistral sobre el arte de hacer el amor romántico.

Dale un masaje con aceites o lociones aromáticas. Concéntrate en conectar a través de una interacción física calmante y cercana. Puede crear confianza y cercanía y servir como excelente precursor de una noche más íntima.

Sí Día de la Intimidad

Esforzarse por un día para decir "sí" a las propuestas del otro sin salirse demasiado de su nivel de comodidad. Esta es una oportunidad fantástica para descubrir si se tiene una nueva preferencia ¡y crear un recuerdo maravilloso!

Danza

Vayan juntos a una clase de baile. Aprendan salsa o tango. O simplemente diviértanse en un club de lujo. El baile ofrece a las parejas una forma de conectar a un nivel más profundo. La intimidad física de abrazarse, los movimientos sincronizados y la experiencia compartida de crear música juntos pueden fomentar un sentimiento de unidad y comprensión. También puede darte una razón para vestirte elegante y sentirte como un millón de dólares.

Ver una película romántica

Tómate unas palomitas en la cama mientras ves clásicos románticos que inspiran la pasión y el estar juntos. Casablanca, Titanic, El diario de Noa, Querido John, La La Land, Cuando Harry encontró a Sally, Serendipity, Meet Joe Black, Love and Basketball, Southside with You, La Cenicienta de Disney (2015), por nombrar solo algunos.

Pon una lista de música romántica

No hay nada como la música para ponerse de buen humor. You and I" de John Legend, una canción perfecta para una noche de cita, o "Stay with you", una canción sobre el compromiso eterno con la relación. Puedes encontrar listas de reproducción de cualquier tipo de música romántica en YouTube. O simplemente cómprate un CD de grandes éxitos de tus artistas favoritos.

Éstas son sólo algunas ideas, pero no las únicas. Tómate tu tiempo para ver qué otras ideas se os ocurren a ti y a tu pareja. Para que tu relación siga siendo apasionante y crezcáis juntos.

Conclusión

Enhorabuena. Has emprendido el camino para hacer crecer y fortalecer tu relación. En este libro, se le han dado los aspectos fundamentales de una buena relación - la comunicación, la intimidad emocional, el perdón, la autoestima, y más. Al completar estos capítulos, ahora tienes las herramientas para nutrir tu relación y tu bienestar individual.

Nada que merezca la pena es fácil... las relaciones requieren un trabajo constante. Y a veces diversión y emoción.

Este libro ha sido un punto de partida, pero el verdadero reto está en las decisiones diarias que tú y tu pareja tomáis para crear vuestro futuro. Tomar la decisión de escuchar, la decisión de perdonar, la decisión de elegir la alegría de estar el uno con el otro - este puede ser su camino a seguir. Cuando permanecéis comprometidos el uno con el otro y afrontáis los retos que se os presentan como pareja.

Ten en cuenta que una relación es un viaje. No hay un destino perfecto, ni un paso final tras el cual hayas terminado... Cada etapa de la vida ofrecerá sus propias aventuras, alegrías y retos, pero ahora tienes las herramientas para manejarlos con gracia, respeto y amor.

Fije fechas de revisión (puestas a punto de la relación) con su pareja para ver hasta dónde han llegado, y reajusten juntos sus objetivos si es necesario, para restablecer las prioridades y mantener abiertas las líneas de comunicación.

Estos pequeños momentos de conexión pueden marcar una profunda diferencia con el paso del tiempo. "Pulgada a pulgada la vida es pan comido".

Quiero agradecerle la compra de este libro. Que estas lecciones sean un recurso al que puedas recurrir siempre que lo necesites, y que el amor, la alegría y el potencial que tú y tu pareja tenéis juntos nunca se olviden. Con receptividad, respeto y aventura, estás preparado para construir una relación sana que durará cuando ambos sigáis prosperando, creando alegría y apoyándoos el uno en el otro.

Que tengas amor y felicidad mientras haces del resto de tu vida, la mejor de tu vida.

Recursos: Citas inspiradoras para la autoestima, la comunicación y divertirse

Esta sección está repleta de sabiduría atemporal para inspirarle a cultivar la autoestima, profundizar en la comunicación y redescubrir la alegría de divertirse juntos. Desde filósofos antiguos hasta voces modernas, estas citas sirven para recordar los principios que mantienen una relación sana y vibrante.

Sobre la autoestima

"Amarse a uno mismo es el comienzo de un romance para toda la vida". - Oscar Wilde

"Cuánto más graves son las consecuencias de la ira que sus causas". - Marco Aurelio

"Tú mismo, tanto como cualquiera en el universo entero, mereces tu amor y afecto". - Buda

"La relación más poderosa que jamás tendrás es la relación contigo mismo". - Steve Maraboli

"No pierdas más tiempo discutiendo sobre lo que debe ser una buena persona. Sé una". - Marco Aurelio

"El autocuidado no es un lujo; es esencial". - Audre Lorde

"Nadie puede hacerte sentir inferior sin tu consentimiento". - Eleanor Roosevelt

"Hasta que no te valores a ti mismo, no valorarás tu tiempo. Hasta que no valores tu tiempo, no harás nada con él". - M. Scott Peck

Sobre la comunicación

"La mayoría de la gente no escucha con la intención de entender; escucha con la intención de responder". - Stephen R. Covey

"Tenemos dos orejas y una boca para poder escuchar el doble de lo que hablamos". - Epicteto

"El mayor problema de la comunicación es la ilusión de que se ha producido". - George Bernard Shaw

"Las palabras no son más que imágenes de nuestros pensamientos". - John Dryden

"No es lo que dices lo que importa, sino la manera en que lo dices; ahí reside el secreto de los siglos". - William Carlos Williams

"La buena comunicación es tan estimulante como el café solo, e igual de difícil dormir después". - Anne Morrow Lindbergh

"Los sabios hablan porque tienen algo que decir; los necios, porque tienen que decir algo". - Platón

"El silencio es una de las grandes artes de la conversación". - Marco Tulio Cicerón

Para divertirse y disfrutar de la vida juntos

"La vida debe vivirse como un juego". - Platón

"No te tomes la vida demasiado en serio. Nunca saldrás vivo de ella". - Elbert Hubbard

"El más desperdiciado de todos los días es uno sin risa". - E. E. Cummings

"Si quieres ser feliz durante una hora, échate una siesta. Si quieres ser feliz durante un día, vete a pescar. Si quieres ser feliz durante un año, hereda una fortuna. Si quieres felicidad para toda la vida, ayuda a otra persona". - Proverbio chino

"El arte de vivir se parece más a la lucha libre que a la danza". - Marco Aurelio

"No es lo viejo que eres, sino cómo eres viejo". - Jules Renard

"Es un talento feliz saber jugar". - Ralph Waldo Emerson

"En cada trabajo que hay que hacer, hay un elemento de diversión. Encuentras la diversión y, ¡snap!, ¡el trabajo es un juego!". - Mary Poppins (P.L. Travers)

"Un día sin risas es un día perdido". - Charlie Chaplin

"Leamos y bailemos; estas dos diversiones nunca harán daño al mundo". - Voltaire

Estas citas ofrecen perspectivas atemporales que pueden ayudarte a mantener los pies en la tierra, a hablar desde el corazón y a acordarte de reír juntos por el camino.

Nos recuerdan que una relación satisfactoria es aquella que valora a cada persona, fomenta el diálogo abierto y sincero y encuentra la alegría en los momentos más sencillos de la vida. Vuelve a estas palabras siempre que necesites un poco de sabiduría, consuelo o inspiración en tu viaje juntos.

Glosario de términos
Relaciones de pareja

Escucha activa

Una forma de escuchar que consiste en estar plenamente presente con tu interlocutor. No te limitas a escuchar palabras, sino que comprendes y demuestras que te importa.

Gestos cariñosos

Esas pequeñas cosas, como cogerse de la mano, abrazarse o darse un beso en la mejilla, que mantienen vivo el amor día a día.

Afirmaciones

Palabras positivas y de apoyo que nos decimos el uno al otro o a nosotros mismos, recordándonos y recordando a nuestra pareja las cosas que queremos y apreciamos de ella.

Rituales de agradecimiento

Simples actos diarios o semanales que demuestren gratitud, como decir "gracias" o reconocer algo considerado que haya hecho tu pareja.

Reparación de accesorios

Cuando ha habido un retroceso en la confianza, la reparación del apego es la forma en que las parejas trabajan para reconstruir esa sensación de seguridad y protección.

Estilo de fijación

La forma en que conectamos de forma natural con los demás, basada en nuestras primeras relaciones. Puede ser seguro, ansioso, evitativo o una mezcla de estilos.

Límites

Límites personales que establecemos para mantenernos sanos a nosotros mismos y a nuestra relación; básicamente, saber lo que está bien y lo que no.

Codependencia

Una dinámica en la que una persona puede depender mucho de la otra para obtener apoyo emocional, a veces a costa de sus propias necesidades o independencia.

Resolución colaborativa de problemas

Abordar los problemas en equipo. Trabajar juntos para encontrar soluciones que se adapten a las necesidades de ambos.

Evitar conflictos

Cuando uno o ambos miembros de la pareja esquivan los desacuerdos para mantener la paz. Esto puede impedir que los problemas se aborden en su totalidad.

Resolución de conflictos

El proceso de manejar los desacuerdos de una manera saludable, centrándose en el entendimiento mutuo en lugar de tratar de "ganar".

Desprecio

Mostrar falta de respeto o tratar a tu pareja como si estuviera por debajo de ti. Es una señal de alarma importante en una relación.

Terapia de pareja

Sesiones guiadas con un terapeuta para ayudar a las parejas a abordar los retos, mejorar la comunicación y fortalecer su relación.

Crítica

Señalar defectos en el carácter de tu pareja en lugar de abordar comportamientos específicos. Suele ser improductivo e hiriente.

Comunicación defensiva

Una reacción en la que uno de los miembros de la pareja siente la necesidad de protegerse, a menudo culpando al otro, lo que puede aumentar la tensión.

Desintoxicación digital

Tomarse un descanso de teléfonos, tabletas y ordenadores para volver a conectar y centrarse en pasar tiempo de calidad juntos.

Comunicación eficaz

Expresar los pensamientos y sentimientos con claridad, escuchando al mismo tiempo la opinión de la otra persona, es esencial para la comprensión mutua.

Intimidad emocional

Una cercanía en la que ambos miembros de la pareja se sienten comprendidos, aceptados y seguros para compartir su verdadero yo.

Regulación emocional

La capacidad de gestionar nuestras emociones de forma que las cosas sigan siendo constructivas, especialmente durante los desacuerdos.

Empatía

Comprender y sentir por lo que está pasando tu pareja. Es un ingrediente clave para la conexión emocional.

Lucha justa

Abordar los conflictos con respeto, evitando insultar o culpar y centrándose en encontrar soluciones.

Perdón

Dejar ir la ira o el resentimiento después de un daño. No significa olvidar, sino decidir seguir adelante.

Fechas divertidas

Salidas o actividades especiales que devuelvan la alegría a tu relación y te ayuden a reconectar.

Luz de gas

Una forma de manipulación en la que un miembro de la pareja hace dudar al otro de sus propios pensamientos o sentimientos.

Mentalidad de crecimiento

Creer que, con esfuerzo, tanto tú como la relación podéis fortaleceros con el tiempo.

Reconstruir la intimidad

Trabajar para restablecer la cercanía emocional o física tras un periodo de desconexión.

Lenguajes del amor

Las cinco formas principales de expresar el amor: palabras de afirmación, tiempo de calidad, recibir regalos, actos de servicio y contacto físico.

Microconexiones

Momentos rápidos de conexión a lo largo del día, como un mensaje amable o una sonrisa, para demostrar que estáis pensando el uno en el otro.

Mindfulness

Mantenerse presente y consciente de lo que ocurre en el momento, lo que puede ayudar a las parejas a comprender mejor las emociones del otro.

Meditación Mindfulness

Una práctica para calmar la mente y estar más en sintonía con nosotros mismos, ayudando a la autorregulación y la comunicación.

Escuchar en el espejo

Repetir lo que dice tu interlocutor, no sólo para demostrar que lo entiendes, sino para ayudarle a sentirse escuchado.

Comunicación no verbal

La parte tácita de la comunicación: el lenguaje corporal, las expresiones faciales, el tono de voz. A menudo dice más que las palabras.

Finanzas personales

Manejar el dinero de forma que apoye los objetivos y valores de ambos miembros de la pareja, reduciendo el estrés financiero en la relación.

Diversión

Aportar diversión desenfadada, bromear y no tomarse todo demasiado en serio. Eso mantiene las cosas frescas y emocionantes.

Proyección

Atribuir sus propios sentimientos o problemas a su pareja, lo que puede crear malentendidos si no se controla.

Redacción de cartas de reflexión

Escribe tus pensamientos y sentimientos en una carta para aclararte antes de hablar con tu pareja de temas delicados.

Escucha reflexiva

Repetir lo que ha dicho su interlocutor para confirmar que lo ha entendido, generar confianza y claridad en las conversaciones.

Rituales de reconexión

Hábitos regulares, como una cita semanal, ayudan a mantener la relación, incluso en momentos de mucho trabajo.

Intentos de reparación

Pequeños esfuerzos para compensar o aliviar la tensión, como una broma, una sonrisa o una disculpa, cuando un conflicto se ha salido de madre.

Resentimiento

Sentimientos negativos persistentes por problemas del pasado que no se han resuelto. Pueden acumularse y dañar la relación.

Desacuerdo respetuoso

Cuando los interlocutores expresan opiniones divergentes sin dejar de respetar el punto de vista del otro.

Gestos románticos

Actos considerados como planear una sorpresa o escribir una nota de amor que reaviven la pasión y demuestren que te importa.

Palabra segura

Una palabra o frase que cualquiera de los interlocutores puede utilizar para hacer una pausa en la conversación o un descanso durante un momento acalorado.

Autoconciencia

Comprender sus propias emociones, pautas y desencadenantes, lo que le ayuda a relacionarse con su pareja de forma más eficaz.

Amor propio

Dedica tiempo a cuidarte y valorarte. Cuando te sientes bien contigo mismo, es más fácil ser mejor compañero.

Establecer límites

Conocer y comunicar tus límites personales para protegerte y mantener una relación sana.

Objetivos compartidos

Sueños u objetivos por los que ambos trabajáis juntos, construyendo el trabajo en equipo y un propósito compartido.

Técnica hablante-oyente

Un método para hablar y escuchar por turnos, que ayuda a ambos interlocutores a sentirse realmente escuchados.

Espontaneidad

Añadir momentos o aventuras imprevistos para que la relación siga siendo divertida e inesperada.

Stonewalling

Cuando un miembro de la pareja se cierra o se retrae durante un conflicto. A menudo indica que se siente abrumado.

Gestión del estrés

Encontrar formas de manejar el estrés para que no se extienda a la relación.

Trabajo en equipo

Apoyarse mutuamente en los retos y tomar decisiones juntos. Se trata de cubrirse las espaldas mutuamente.

Disparadores

Situaciones o palabras que provocan una fuerte reacción emocional, a menudo vinculada a experiencias pasadas.

Confíe en

Creer en la fiabilidad y honestidad del otro es la base de cualquier relación sana.

Necesidades insatisfechas

Cuando no se atienden necesidades importantes en la relación, lo que puede provocar frustración o conflictos.

Validación

Reconocer y aceptar los sentimientos o experiencias de tu pareja como reales y significativos, aunque no estés totalmente de acuerdo.

Visionar juntos

Crear un sueño compartido para tu futuro, desde los grandes objetivos hasta los pequeños planes cotidianos, para manteneros en la misma línea.

Vulnerabilidad

Ser abierto y honesto, incluso sobre tus miedos o inseguridades, para construir una conexión emocional más profunda.

Retirada

Alejarse, emocional o físicamente, durante un conflicto. A menudo indica que te sientes abrumado o desconectado.

Este apéndice se ha diseñado para que los conceptos clave de las relaciones sean fáciles de entender y aplicar en tu propio viaje de relación.

Por último, si le ha gustado este libro, tómese su tiempo para compartir su opinión y publicar una reseña en Amazon. Se lo agradeceremos mucho.

Muchas gracias,

Brian Mahoney

Queremos agradecerle la compra de este libro y, lo que es más importante, agradecerle que lo haya leído hasta el final. Esperamos que su experiencia de lectura haya sido placentera y que informe a sus familiares y amigos en (Meta) Facebook, (X) Twitter u otros medios sociales.

Nos gustaría seguir ofreciéndole libros de alta calidad y, para ello, ¿le importaría dejarnos una reseña en Amazon.com?

Sólo tiene que utilizar el siguiente enlace, desplazarse hacia abajo aproximadamente 3/4 de la página y verá imágenes similares a la de abajo.

Le estamos muy agradecidos por su ayuda.

Saludos cordiales,

Brian Mahoney
Publicación MahoneyProducts

Enlace al libro:
https://www.amazon.com/dp/B0DMDD4W6L

Comentarios de los clientes

4,6 de 5 **4,6 sobre 5**
6 calificaciones globales

5 estrellas	
4 estrellas	36%-
3 estrellas 0% (0%)	0%
2 estrellas 0% (0%)	0%

Revisar este producto
Comparta sus opiniones con otros clientes
(Escriba una opinión del cliente)

Puede que también le guste:

https://www.amazon.com/dp/B09419FG8H

www.ingramcontent.com/pod-product-compliance
Lightning Source LLC
LaVergne TN
LVHW010347070526
838199LV00065B/5801